AF497338

Un jeune homme qui a tant souffert

Comédie

UN
JEUNE HOMME

QUI A TANT SOUFFERT !

COMÉDIE EN UN ACTE, MÉLÉE DE COUPLETS

PAR

MM. EUGÈNE GRANGÉ et LAMBERT-THIBOUST

Représentée pour la première fois, à Paris, sur le théâtre du PALAIS-ROYAL,
le 12 janvier 1862

PARIS

MICHEL LÉVY FRÈRES, LIBRAIRES-ÉDITEURS

RUE VIVIENNE, 2 BIS, ET BOULEVARD DES ITALIENS, 15
A LA LIBRAIRIE-NOUVELLE

1862

Distribution de la pièce

PROSPER BERGERET.............. MM. Priston.
BEAUTRUCHARD, officier en retraite.. Pellerin.
RAOUL CHATILLON............... Gaston.
MADAME THEVENOT.............. Mmes Delille.
EMMA, sa fille cadette............. Martine.
ANAIS DUROSEL, sa fille aînée, jeune
   veuve............................ C. de Ribeaucourt.
MADAME CHEVALIER, couturière.... Dahmen.

UN JEUNE HOMME

QUI A TANT SOUFFERT !

Chez madame Thévenot, à Montmorency. Un salon ouvert sur un jardin. Porte au fond, portes latérales dans des pans coupés; fauteuils, guéridon, etc.

SCÈNE PREMIÈRE.

MADAME THÉVENOT, EMMA, PROSPER, ANAÏS.

(Les dames sont assises près de la table et font du crochet. — Prosper, assis à quelque distance, leur fait la lecture.)

PROSPER, lisant.
« O lac! l'année à peine a fini sa carrière,
Et près des bords chéris qu'elle devait revoir,
Regarde, je viens seul m'asseoir sur cette pierre
    Où tu la vis s'asseoir!
Tu mugissais ainsi sur ces roches profondes,
Ainsi tu te brisais sur leurs flancs déchirés;
Ainsi... »

EMMA, l'interrompant. Ah! comme vous lisez mal!

PROSPER. Moi!... je lis mal?

EMMA. Vous dites des vers comme s'il s'agissait d'une annonce commerciale.

PROSPER. Oh! je sais bien qu'il y a une nuance...

EMMA. On ne le dirait pas en vous écoutant; je m'en rapporte à ma sœur... demandez-lui son avis... N'est-ce pas, Anaïs?

ANAÏS, riant. Le fait est que, franchement, monsieur Prosper, vous n'êtes pas de première force.

EMMA. Est-ce qu'on ne vous a pas appris à lire quand vous étiez enfant?

PROSPER. Ah! mademoiselle!... J'ai fait mes classes... collège Sainte-Barbe... j'ai eu des prix...

EMMA. Pas de lecture, je suppose. Voyez! vous avez une diction si monotone que maman s'en est endormie.

ANAÏS. Ça berce.

EMMA. Oui, quand on dort... mais quand on résiste, ça agace...

PROSPER. Pourtant, mademoiselle, je fais de mon mieux... Ce n'est pas ma faute si...

MADAME THÉVENOT, s'éveillant. Eh bien, Prosper, vous ne continuez pas?

PROSPER, triomphant. Ah! vous voyez!... ça n'ennuie pas madame!...

EMMA. Je crois bien!... elle a ses raisons pour ça.

MADAME THÉVENOT. Allons, Emma, ne tourmente donc pas ce pauvre garçon...

PROSPER. Mademoiselle prend plaisir à me molester... elle me taquine sans cesse...

MADAME THÉVENOT. C'est une enfant... ne faites pas attention... au fond, elle ne pense pas un mot de tout cela.

EMMA. Oh!... c'est-à-dire...

PROSPER, à Emma. Madame Thévenot, votre mère, m'a permis de vous faire la cour... de chercher à me faire aimer...

MADAME THÉVENOT. Certainement!... M. Prosper Bergeret est le fils d'un ancien négociant, ami de notre famille... C'est un jeune homme très-doux, très-bien élevé... qui ferait, j'en suis sûre, un excellent mari.

PROSPER. Oh! pour ça... j'ai les plus grandes dispositions.

MADAME THÉVENOT. Ce n'est pas un héros de roman...

EMMA, à part. Oh! non!

MADAME THÉVENOT. Mais il a des qualités... il t'aime...

EMMA. Oui, d'une manière bien tranquille... bien calme...

PROSPER, se récriant. Ah!...

ANAÏS, riant. Comme les eaux du lac des *Méditations*.

PROSPER, avec un désespoir comique. Eh bien, vous entendez!... Madame Durosel aussi!... Elles sont toutes les deux liguées contre moi!...

MADAME THÉVENOT. Calmez-vous!... ce sont deux folles... des têtes à l'envers!... Reprenez votre lecture...

PROSPER, à Emma. Faut-il que je continue?...

EMMA. Oh! mon Dieu! comme vous voudrez... ça m'est égal.

MADAME THÉVENOT. Oui, allez!... nous vous écoutons.

PROSPER, se rasseyant. Je vais mettre de l'âme. (Il reprend :)

> « O lac! l'année à peine a fini sa carrière,
>   Et près des bords chéris... »

BEAUTRUCHARD, en dehors. Au jardin?... C'est bien!.,. j'y vais...

ANAÏS. Ah! c'est le commandant Beautruchard...

MADAME THÉVENOT. Notre voisin de campagne.

SCÈNE II.

Les mêmes, BEAUTRUCHARD.

BEAUTRUCHARD. Mesdames, je vous présente mes hommages.

MADAME THÉVENOT. Bonjour, commandant!

ANAÏS. Votre santé est toujours bonne?

BEAUTRUCHARD. Excellente, belle dame, excellente!... Je vous rends grâces!

MADAME THÉVENOT. L'air de Montmorency est si sain !

BEAUTRUCHARD. Très-sain... C'est pour ça que j'y ai planté ma tente. On m'avait dit : « Allez à Enghien ; prenez les eaux, c'est parfait pour les rhumatismes ! » Brrr !... les eaux, c'est de la graine de niais !... Tous les matins, un verre de rhum et une promenade de deux heures dans la forêt... voilà comme je traite la goutte, moi... à la houzarde !... — Ah çà ! mesdames, ma visite n'est pas importune? je ne vous dérange pas?

MADAME THÉVENOT. Nullement, commandant! enchantée de vous voir !

ANAÏS. Nous étions à travailler.

BEAUTRUCHARD. Au crochet !... l'occupation de la mode.

PROSPER. Pendant que je faisais la lecture à ces dames.

BEAUTRUCHARD. Ah ! ah ! très-bien, jeune homme, très-bien !... Il faut être galant avec le beau sexe. Ç'a toujours été mon système !

PROSPER. Oui... on prétend que vous étiez un gaillard.

BEAUTRUCHARD. C'est vrai, je ne m'en défends pas. J'ai toujours aimé le commerce des dames... Quoiqu'à vrai dire, on soit quelquefois bien attrapé.

ANAÏS. Ah ! commandant !...

BEAUTRUCHARD. Oui, belle dame, je maintiens le mot! En 1833, je n'étais encore que sous-lieutenant, j'adressais mes hommages à une femme charmante... chevelure d'ébène, un mètre quarante-cinq centimètres... et des dents !... de vraies perles !... Eh bien, j'ai appris plus tard que c'étaient des produits de la civilisation.

PROSPER. Ah bah!

ANAÏS, riant. Comment !... les beaux cheveux?

BEAUTRUCHARD. Postiches !

EMMA. Les dents de perle?

BEAUTRUCHARD. Osanores de William Rogers, par brevet d'invention, sans garantie du gouvernement! Voilà comme on est trompé! Sans compter le reste, les infidélités, les trahisons... toute l'artillerie de l'arsenal féminin.

MADAME THÉVENOT. Vous traitez mal les femmes, commandant.

PROSPER, avec indulgence. Oh! quand on a été dans la cavalerie!

BEAUTRUCHARD. Moi, madame?... Je les adore! Ce qui ne m'empêche pas de leur rendre justice.

ANAÏS. Oh! justice...

MADAME THÉVENOT. Permettez...

BEAUTRUCHARD. Je ne parle que des femmes d'un certain monde, bien entendu. Tenez, voulez-vous une preuve de leur scélératesse?

TOUS. Une preuve?

BEAUTRUCHARD. Écoutez une petite anecdote...

MADAME THÉVENOT. Dont vous êtes le héros?...

BEAUTRUCHARD, vivement. Non, pas moi... un de mes amis, de mes bons amis... Figurez-vous, mesdames, qu'il y a deux ans...

MADAME THÉVENOT. Emma, va repasser ta leçon de piano.

EMMA. Oh! maman...

BEAUTRUCHARD. Pardon, madame, je me tais.

EMMA. Mais, maman, c'est que j'aurais bien voulu entendre l'histoire du commandant.

MADAME THÉVENOT. Qu'est-ce que c'est, mademoiselle?... Allez...

PROSPER, bas à Emma. Allez!... Je vous la raconterai (à part) avec des coupures. (Emma sort.)

MADAME THÉVENOT. Maintenant, commandant, nous vous écoutons.

BEAUTRUCHARD. Oh! mon Dieu, c'est une aventure dont les annales galantes offrent de nombreuses éditions. Il y a deux ans, mon ami rendait des soins à une jolie blonde... dont il avait toutes les raisons de se croire adoré...

MADAME THÉVENOT. Eh bien?

BEAUTRUCHARD. Un jour qu'on l'avait laissé seul chez elle, en fouillant dans un tiroir, il surprend un poulet.

TOUS. Un poulet?

BEAUTRUCHARD. Oui, un poulet d'une littérature bizarre, oublié par mégarde, et dans lequel on disait à la dame : « Ton vieux marsouin... »

PROSPER. Ton vieux marsouin!...

BEAUTRUCHARD. C'est de mon ami qu'on parlait. (Reprenant.) « Ton vieux marsouin sera absent ce soir, je t'offre à dîner au Moulin-Rouge. Signé : Ton gros Chien-Chien. »

TOUS, riant. Ah! ah! ah!

BEAUTRUCHARD. Hein?... Quel style!...

ANAÏS. Et pas d'autre signature à cette lettre?

BEAUTRUCHARD. Pas d'autre signature. Mais, morbleu! si mon ami parvient jamais à découvrir l'auteur de cette belle épître, il n'a qu'à bien se tenir... (Avec colère.) Vieux marsouin!...

MADAME THÉVENOT. Eh! mon Dieu, commandant, quelle colère!

BEAUTRUCHARD. C'est quelque godelureau sans doute, un de ces petits messieurs ridicules comme on en voit tant aujourd'hui.

ANAÏS. Par bonheur, tous les jeunes gens ne ressemblent pas à ceux-là.

MADAME THÉVENOT. Il y a des exceptions...

PROSPER. Certainement!... moi d'abord.

ANAÏS. Des jeunes gens qui méritent notre intérêt, notre sympathie...

PROSPER. Ah! oui!...

BEAUTRUCHARD. Peuh!...

ANAÏS. Comme, par exemple, M. Raoul Chatillon.

BEAUTRUCHARD. M. Chatillon!..

PROSPER. Un de mes camarades de collége.

BEAUTRUCHARD, à Anaïs. Mais je croyais, madame, qu'il y a deux ou trois mois, vous lui aviez refusé votre main?

ANAÏS. Oui, j'hésitais à me remarier... Je n'appréciais pas alors tout son mérite; mais depuis...

BEAUTRUCHARD. Ah çà! mais qu'a-t-il donc fait de si remarquable?

ANAÏS. Comment, vous ignorez cette aventure, ce duel?

BEAUTRUCHARD. Un duel?

PROSPER. Pour une grande dame...

ANAÏS. Une marquise espagnole, qui était folle de lui.

BEAUTRUCHARD. Bah!... un duel!... Qui est-ce qui n'a pas eu de duels?... Et moi-même, en 1834...

PROSPER, à part. Il va encore me raconter une histoire!... (Haut.) Je vous crois, commandant...

EMMA, rentrant. Maman!... maman!... voici M. Raoul, qui descend de l'omnibus d'Enghien!

MADAME THÉVENOT ET ANAÏS, se levant. M. Raoul! (Elles arrangent vivement leurs cheveux, leurs robes.)

BEAUTRUCHARD, à part. Encore un blanc-bec!

SCÈNE III.

LES MÊMES, RAOUL.

RAOUL, entrant et saluant. Mesdames...

MADAME THÉVENOT. Eh bien, monsieur Raoul, comment allez-vous, ce matin?

ANAÏS. Et votre blessure?

RAOUL. Oh! c'est fini, mesdames... je n'y pense plus!... En vérité, vous attachez trop d'importance à une égratignure.

BEAUTRUCHARD. Parbleu! une blessure au bras!... ça n'est pas dangereux! En 1835...

PROSPER. Je vous crois, commandant.

ANAÏS. Ah! je suis enchantée que cet accident n'ait pas eu de suites!

RAOUL, s'inclinant. Trop bonne, madame.

PROSPER, à part. Toutes les attentions sont pour lui!

ANAÏS. Votre duel nous a vivement intéressées.

EMMA. Se battre pour une femme, c'est très-beau!

MADAME THÉVENOT. Très-chevaleresque!

ANAÏS. Sans doute... et il fallait aimer passionnément cette personne...

RAOUL. Moi?... Non, madame... vous vous trompez.

ANAÏS. Comment?

RAOUL, avec un soupir. Je cherchais seulement à oublier...

ANAÏS. Ah!... à oublier?

RAOUL. Oui, une autre...

MADAME THÉVENOT, à part. Je comprends!

ANAÏS, de même. C'est de moi qu'il parle.

BEAUTRUCHARD, de même. Encore un qui me tape sur les nerfs!...

EMMA, à Prosper, qui est près d'elle. Pauvre jeune homme! comme il a dû souffrir!...

PROSPER. Eh bien, et moi?... et moi?... est-ce que je ne souffre pas de vos cruautés?...

EMMA. Vous?... Allons donc!...

SCÈNE IV.

LES MÊMES, MADAME CHEVALIER.

MADAME CHEVALIER, entrant avec un carton à la main. Ah! pardon, mesdames!... Vous êtes occupées?...

MADAME THÉVENOT. Madame Chevalier!

ANAÏS. Notre couturière!

MADAME CHEVALIER. Je venais vous essayer vos robes.

EMMA. Ah! nos robes!... Très-bien! nous sommes à vous.

BEAUTRUCHARD. Je vous laisse, mesdames.

MADAME THÉVENOT. Au revoir, commandant!... (A Raoul.) Vous permettez que nous vous quittions un instant?

RAOUL. Comment donc, mesdames!... Ne vous gênez pas pour moi, je vous en prie.

MADAME THÉVENOT. M. Prosper vous tiendra compagnie.

EMMA, bas à Prosper. Ce n'est pas vous qui vous battriez pour une femme!

PROSPER. Hein?... Plaît-il?...

MADAME THÉVENOT. Allons, venez!... venez!...

ANAÏS, très-gracieuse et lui tendant la main. A tout à l'heure, monsieur Raoul.

ENSEMBLE.

Air : *Tire lire.*

Partons
Partez } vite,

Partons
Partez } tout de suite !

Il faut en finir,
Pour plus tôt revenir.
La toilette,
Sans qu'on soit coquette,
Pour nous
     vous } est pourtant
Un soin très-important !

(Beautruchard salue et sort par le fond, les dames sortent par la droite.)

SCÈNE V.

PROSPER, RAOUL.

RAOUL, avec explosion. Bravo !... ça va bien !... Elle m'aime !... je le vois !

PROSPER. Comment!... Qui ça?

RAOUL. Qui?... Mais celle que j'adore... la jolie veuve.

PROSPER. Madame Durosel?

RAOUL. Enfin, j'ai réussi à lui plaire!... Ah! mon ami, je suis d'une joie!...

PROSPER. Mais prends donc garde ! Tu es de là... Tu gesticules!... Tu vas te faire mal... rouvrir ta blessure !

RAOUL. Bah! ma blessure!... une piqûre d'aiguille... faite par un ami, à la suite d'une discussion musicale... Comprends-tu ce Maugiron qui préfère Meyerbeer à Rossini!...

PROSPER. Eh! bien, et la marquise espagnole?... Ce n'est donc pas pour elle que tu t'es battu?

RAOUL, baissant la voix. Eh! non!...

PROSPER. Caramba!

RAOUL. On disait que j'étais fou d'une Espagnole, j'ai laissé dire... que je m'étais battu pour elle, j'ai laissé dire...

PROSPER. Mais pourquoi?

RAOUL. C'était un moyen tout trouvé de me rendre intéressant, de me faire aimer d'Anaïs.

PROSPER. De te faire aimer?...

RAOUL. Certainement, mon cher! Règle générale : pour plaire aux femmes, que faut-il? Parler à leur imagination... inspirer de grandes passions... avoir vécu... avoir souffert... que sais-je!... Avoir eu des aventures, enfin!...

PROSPER. Des aventures? Ah bah!

RAOUL.

Air : *Le beau Lycas.*

Il faut s'adresser à leur tête
Pour mieux arriver à leur cœur,
Et toujours on fait leur conquête
En se posant en séducteur.
La méthode n'est pas nouvelle...

PROSPER.

Je comprends!... Alors une belle
A qui de plaire on est jaloux,
Vous aime, soit dit entre nous,
Moins pour l'amour qu'on a pour elle,
Que pour celui qu'on a pour vous.

ENSEMBLE.

Oui, ce qui vous fait aimer d'elle,
C'est l'amour qu'une autre a pour vous!

RAOUL. Eh! sans doute!... c'est connu!... c'est élémentaire!...

PROSPER. Tiens!... tiens!... Alors, pour me faire aimer d'Emma qui se moque de moi, qui me tarabuste sans cesse?...

RAOUL. Tu n'as qu'à suivre mon exemple, parbleu!

PROSPER. Inventer des aventures?... dire que j'ai inspiré des passions aux femmes?

RAOUL. C'est cela!

PROSPER. Au fait, c'est une idée!... Tu as peut-être raison.

RAOUL. Si j'ai raison!... Tu vois bien que ça m'a réussi!... Madame Durosel m'avait refusé sa main, et aujourd'hui, elle m'accueille de la manière la plus gracieuse, la plus significative.

PROSPER. C'est vrai!... Et, ma foi, j'ai bien envie d'essayer de ton moyen... (Regardant au fond.) Justement j'aperçois mademoiselle Emma qui se dirige de ce côté...

RAOUL. Je te laisse avec elle... et je vais avancer mes affaires près de la charmante veuve...

PROSPER. Oui, va, va, laisse-moi!...

ENSEMBLE.

Air de *l'Idée du mari.*

RAOUL.

Oui, suis mon système,
Et tout ira bien.
Pour que l'on nous aime,
C'est, tu le vois, c'est le meilleur moyen !

PROSPER.

Suivons son système,
Et tout ira bien.
Pour que l'on nous aime,
C'est, je le vois, c'est le meilleur moyen !
(Raoul sort par la gauche.)

SCÈNE VI.

PROSPER, EMMA.

PROSPER, seul. Oui, tant pis !... je vas aussi me poser en don Juan !... je vas me payer des intrigues... (Voyant entrer Emma.) C'est elle !... Attention !

EMMA, entrant. Tiens !... vous êtes seul ?... Où donc est M. Raoul ?

PROSPER. Il vient d'aller retrouver ces dames.

EMMA. Ah ! c'est un jeune homme charmant, M. Raoul.

PROSPER, à part. Elle aussi !... Voyez-vous l'influence !... Ça se gagne !... (Haut, d'un ton détaché.) Oui... oui... certainement...

EMMA. La preuve, c'est qu'il est adoré d'une grande dame...

PROSPER, à part. Nous y voilà ! (Haut.) Oh !... il n'est pas le seul... Qui est-ce qui n'est pas un peu adoré dans sa vie ?...

EMMA. Comment ?...

PROSPER. Moi aussi, mademoiselle, j'ai fait des passions...

EMMA. Vous ?...

PROSPER. Et des passions très-corsées... des passions premier numéro. Ah mais ! ah mais !... une surtout, il y a deux ans...

EMMA. Il y a deux ans ?...

PROSPER. J'étais aimé d'une certaine personne...

EMMA. Vraiment, monsieur ?...

PROSPER, avec un soupir. Je cherchais à vous oublier.

EMMA. A m'oublier !... Mais à cette époque j'étais au couvent... vous ne me connaissiez pas encore !

PROSPER, à part. Oh ! c'est vrai !... J'ai dit une bêtise !

EMMA. Et cette personne qui vous chérissait, y a-t-il de l'indiscrétion à vous demander qui elle était ?

PROSPER. Oh! nullement, nullement, mademoiselle. C'était une femme très-bien... une femme des plus à la mode...

EMMA. Mais enfin?...

PROSPER, à part. Qui ça pourrait-il bien être?... Oh! (Avec aplomb.) une artiste de l'hippodrome.

EMMA. Une écuyère!

PROSPER. Oui, une célèbre écuyère qui faisait la grande voltige... qui sautait dans des cerceaux à travers des tuyaux de pipe... Mademoiselle... (Cherchant.) mademoiselle Josépha.

EMMA. Mademoiselle Josépha!...

PROSPER. Une Italienne. Elle était folle de moi.

EMMA, se récriant. Comment. monsieur!...

PROSPER, à part. Ça l'ébouriffe!...

EMMA. Et vous venez m'avouer cela!

PROSPER. Ce secret me pesait... j'avais besoin de vous en faire l'aveu. Oh! j'ai tant souffert pour cette femme-là!... J'étais devenu maigre!... maigre!...

EMMA. Une passion pour une écuyère!... (Éclatant.) Monsieur, c'est une horreur!...

PROSPER, surpris. Hein!... vous dites?...

EMMA. J'étais prête à vous aimer; mais après ce que vous venez de m'apprendre. je vous hais, je vous déteste...

PROSPER. Mais, permettez...

EMMA. Oui, monsieur, je vous déteste... et je vous défends de me parler davantage de votre amour.

PROSPER, ahuri. Eh bien!... eh bien!... elle se fâche!... En voilà bien d'une autre!... (Haut.) Mais, mademoiselle...

EMMA. Laissez-moi, monsieur, laissez-moi... (Appelant.) Maman!...

SCÈNE VII.

LES MÊMES, MADAME THÉVENOT, MADAME CHEVALIER.

MADAME THÉVENOT, entrant. Eh bien, quoi donc?...

EMMA. Ah! maman... vous voilà!...

MADAME THÉVENOT. Qu'y a-t-il?... Cette agitation?...

PROSPER, à part. Je n'y comprends rien!

MADAME THÉVENOT, à Emma. Qu'as-tu donc?

EMMA. Ce que j'ai?... J'ai que je suis furieuse contre M. Prosper.

MADAME THÉVENOT. Comment!... encore une querelle?...

MADAME CHEVALIER. Je me retire...

EMMA. Non... non... restez, Honorine!... C'est devant vous aussi que je veux le confondre.

MADAME THÉVENOT. Le confondre!...

PROSPER. Eh bien, oui... j'y consens!... Que ces dames prononcent!...

MADAME THÉVENOT, à Emma, Voyons, explique-toi!... Qu'a-t-il fait?...

PROSPER. Parlez!... Ça m'est égal!

EMMA. Savez-vous ce qu'il vient de m'avouer?...

MADAME THÉVENOT. Quoi donc?

EMMA. Qu'il y a deux ans il avait une intrigue avec une écuyère.

MADAME THÉVENOT ET MADAME CHEVALIER. Une écuyère!...

EMMA. Oui, une dame de l'Hippodrome, qui passait par des tuyaux de pipe...

MADAME THÉVENOT. Des tuyaux de pipe!... Est-il possible!

EMMA. Mademoiselle Josépha.

MADAME CHEVALIER, avec surprise. Josépha!...

MADAME THÉVENOT, sévèrement. Serait-il vrai, monsieur?

PROSPER, interdit. Oui, madame, oui... en effet, je...

MADAME THÉVENOT. Vous avez aimé des créatures!

PROSPER. Permettez... j'ai dit seulement... une créature.

MADAME THÉVENOT. Et vous osez vous en vanter!...

EMMA. Oui, maman, il s'en est vanté!...

MADAME THÉVENOT. Quand vous recherchez ma fille en mariage... vous venez lui raconter vos saturnales!...

PROSPER. Madame...

MADAME THÉVENOT. Plus un mot, monsieur!... Votre conduite est inqualifiable... inqualifiable!

EMMA. Oh! certainement!...

PROSPER. Mais enfin, tout à l'heure, vous chantiez les louanges de Raoul... Qui lui, aussi, avait une passion... qui s'est battu pour une femme.

MADAME THÉVENOT. Pour une femme du monde, monsieur!

EMMA. Pour une Espagnole, monsieur!

MADAME THÉVENOT, avec fierté. C'était une Espagnole!

PROSPER. Mais, madame!... Josépha...

MADAME THÉVENOT. Assez, monsieur, assez!

EMMA. Tout est fini entre nous!

MADAME THÉVENOT. Viens, Emma, rentrons!

PROSPER. Écoutez, au moins...

MADAME THÉVENOT. C'est inutile! (A madame Chevalier.) Dans huit jours, n'oubliez pas! (A Prosper.) Une écuyère!... quelle indignité!

PROSPER, à part. Sapristi! mon manége a bien réussi!

ENSEMBLE.

Air des Barbettes.

EMMA, MADAME THÉVENOT, MADAME CHEVALIER.

C'est affreux! c'est abominable!

Renoncez (*bis*) à $^{ma}_{sa}$ main !
Après une intrigue semblable,
Tout espoir (*bis*) serait vain.
PROSPER.
Ah! pour moi, quel sort déplorable!
Renoncer (*bis*) à sa main!
A leurs yeux je parais coupable,
Tout espoir (*bis*) serait vain!

(Madame Thévenot sort par la droite avec Emma. Prosper demeure atterré.)

SCÈNE VIII.

PROSPER, MADAME CHEVALIER.

MADAME CHEVALIER, à part. Josépha!... A nous deux, maintenant!

PROSPER, de même. Sapristi!... mais Raoul m'a mis dedans!...

MADAME CHEVALIER. Comment, monsieur, c'est vous qui étiez l'amant de mademoiselle Josépha?

PROSPER. Oui, madame.

MADAME CHEVALIER. Il y a deux ans?

PROSPER. Mais, oui, madame.

MADAME CHEVALIER. Oui?... au mois de mai?

PROSPER. Eh bien... après?...

MADAME CHEVALIER. Mais alors, monsieur, vous me devez trois mille francs!

PROSPER, bondissant. Comment... je vous dois trois mille francs?...

MADAME CHEVALIER. Certainement! Mademoiselle Josépha a pris chez moi pour trois mille francs de fournitures à cette époque... et, comme elle ne m'a pas payé...

PROSPER. Qu'est-ce que ça me fait à moi?... ça ne me regarde pas!... Ah! j'aime bien ça!...

MADAME CHEVALIER. Mais, monsieur... quand on est un galant homme, on paye... Tous ces messieurs payent pour ces dames.

PROSPER. Ah! ces messieurs... ces messieurs... ils font ce qu'ils veulent; mais moi, je ne payerai pas.

MADAME CHEVALIER. Mais si!

PROSPER. Mais non!

MADAME CHEVALIER. Mais si!

PROSPER. Ah! vous le verrez bien, par exemple!

SCÈNE IX.

Les Mêmes, BEAUTRUCHARD.

BEAUTRUCHARD, paraissant. Qu'est-ce donc?

PROSPER. Ah! le commandant... Parbleu! vous arrivez joliment bien, commandant!... Figurez-vous... Ah! c'est à mourir de rire, ma parole d'honneur!... Figurez-vous que la couturière... une carotte de trois mille francs, rien que ça!... (Il rit.)

BEAUTRUCHARD, riant aussi. Bah!

PROSPER. Pour une femme... trois mille francs de crinoline, commandant!... Hi! hi!

BEAUTRUCHARD, riant. Je connais ça... je connais ça!... Ah! mon gaillard!...

MADAME CHEVALIER. Et vous payerez, monsieur... c'est une dette sacrée... Cette demoiselle-là m'a assez fait perdre.

BEAUTRUCHARD, riant. Bah! Et quelle est cette sirène... à facture?

MADAME CHEVALIER. Mademoiselle Josépha, de l'Hippodrome.

BEAUTRUCHARD, ne riant plus, à part. Josépha!...

MADAME CHEVALIER. Dont monsieur était l'amant... il y a deux ans...

BEAUTRUCHARD, à part. Il y a deux ans!...

PROSPER, riant. L'amant de cœur! J'étais aimé pour moi-même... il y a une nuance!

BEAUTRUCHARD, à part, d'un ton terrible. C'était lui!... Mille carcasses!...

MADAME CHEVALIER. Je vais chercher la facture.

PROSPER. Allez vous promener!... Trois mille francs!... merci!...

ENSEMBLE.

Air : *Tambour battant.*

PROSPER.

Ah! quelle aventure!
Quoi! m'obliger à
Payer la facture
D'une Josépha!

MADAME CHEVALIER.

Ah! quelle aventure!
Enfin, le voilà;
A payer, je jure
Qu'on le forcera.

BEAUTRUCHARD, à part.
Ah! quelle aventure!
Enfin, le voilà!
Bientôt, je le jure,
Il me le paira.

SCÈNE X.

BEAUTRUCHARD, PROSPER.

BEAUTRUCHARD, à part. C'était lui!

PROSPER, gaiement. Ont-elles un aplomb, hein, ces couturiè-res?... On n'a pas idée de ça.

BEAUTRUCHARD, riant d'un rire forcé. Ah! ah!... mon gaillard... il paraît que vous vous en êtes donné...

PROSPER. Peuh!... J'ai cueilli quelques fleurs... de ci, de là...

BEAUTRUCHARD. Mon gaillard!...

PROSPER. Ce cher commandant!...(A part.) Il est bon enfant, au fond, le commandant... moi, je l'aime bien...

BEAUTRUCHARD, lui tapant sur l'épaule. Ah! vous avez connu Josépha?...

PROSPER. Eh! mon Dieu, qui est-ce qui n'a pas un petit peu connu Josépha?

BEAUTRUCHARD. Josépha... rue Tronchet?

PROSPER. Oui... oui... oui! (A part.) Il paraît qu'elle demeurait rue Tronchet... (Haut.) C'est un joli quartier...

BEAUTRUCHARD, lui étreignant l'épaule. Mon gaillard!!!

PROSPER, à part. Qu'est-ce qu'il a donc, le commandant?... (Haut, changeant la conversation.) Est-ce que ces dames vont aller dans la forêt?...

BEAUTRUCHARD, ne quittant pas son idée. Il y a deux ans!...

PROSPER. Deux ans... de quoi?

BEAUTRUCHARD. De Josépha... la petite Josépha!...

PROSPER. Ah! oui... (A part.) Est-ce qu'il ne va pas finir?

BEAUTRUCHARD. Avant son départ pour la Russie?...

PROSPER. Oui... oui... (A part.) Il paraît qu'elle est allée faire sa Russie... (Haut.) C'est la dernière étape de ces demoiselles... Hi! hi!

BEAUTRUCHARD. Très-joli!... Parfait!

PROSPER. Hi!... hi!... (A part.) Il est bon enfant, ce commandant-là. (Il lui tend la main.)

BEAUTRUCHARD, mettant ses mains derrière son dos. Ainsi, vous étiez le gros chien-chien?

PROSPER, étonné. Le chien-chien!.. Comment!... cette histoire de ce matin?

BEAUTRUCHARD, éclatant. Moi, j'étais le vieux marsouin... Comprenez-vous, monsieur ?...

PROSPER, décontenancé. Sapristi !... Mais commandant...

BEAUTRUCHARD. Enfin, je le tiens donc, ce damoiseau qui se cachait dans les armoiries !... Voilà donc le phénomène qu'elle me préférait, et qui se moquait de moi... par-dessus le marché.

PROSPER. Commandant, c'était une plaisanterie...

BEAUTRUCHARD, bondissant. Une plaisanterie !... Vos armes ?

PROSPER. Un duel !

BEAUTRUCHARD. Le sabre ? Soit ! j'accepte.

PROSPER. Permettez...

BEAUTRUCHARD. Le pistolet ?... Parfait !... A mort, entends-tu ? à mort... chien-chien !

PROSPER. Ah ! mais non... j'en ai assez... Satané Raoul, va !

BEAUTRUCHARD. Tu ne m'échapperas pas !... Je m'attache à toi... il me faut ton sang... entends-tu ?... ton sang... chien-chien !

PROSPER, à part. Mais c'est un cannibale, que cet homme-là !

ENSEMBLE.

Air : *L'image.*

BEAUTRUCHARD.
La colère
M'exaspère ;
Bientôt, l'épée en main,
Oui, j'espère,
Téméraire,
Te punir à la fin.
Oui (*ter*) ton trépas est certain !
PROSPER.
La colère
L'exaspère ;
Bientôt, l'épée en main,
Il espère,
Quelle affaire !
M'immoler à la fin.
Oui (*ter*), mon trépas est certain !

PROSPER, se sauvant. Je vas chercher mes témoins... (Il sort.)

BEAUTRUCHARD. Ah ! le brigand... il se sauve... mais je le rattraperai... Aïe !... ma goutte !... C'est égal, je saurai bien... (Il va pour sortir et heurte Raoul qui entre.)

RAOUL. Eh bien, commandant... où courez-vous ?

BEAUTRUCHARD. Laissez-moi... Ah ! drôle... je te rattraperai... Vieux marsouin !... (Il sort vivement à la suite de Prosper.)

SCÈNE XI.

RAOUL, puis EMMA, et ANAÏS.

RAOUL, riant. Ah! mon Dieu, quelle course!... Pauvre Prosper... mon conseil lui a bien réussi!...

EMMA, entrant la première. Non, je n'écoute rien...

ANAÏS. Mais enfin, réfléchis encore...

EMMA. Non... jamais je n'épouserai M. Bergeret... jamais, je le jure...

RAOUL, à part. Plaidons la cause de l'amitié... (Haut.) Oh! mademoiselle...

EMMA. Jamais... Après un pareil scandale, il faudrait que j'eusse bien peu de cœur...

RAOUL. Eh bien, oui... il est coupable... il a eu une passion pour une femme indigne de lui.

ANAÏS. Oh! certes... très-indigne.

EMMA, pleurant. Des tuyaux de pipe!...

RAOUL. Mais, le pauvre garçon... il a tant souffert!...

EMMA. Lui... si calme... si bourgeois?...

RAOUL. Ah! vous ne le connaissez pas, mademoiselle... Une âme de feu. Si vous l'aviez vu... dans son duel... avec ces deux Portugais...

EMMA. Il s'est battu avec deux Portugais?...

RAOUL. Comme un lion... Et si vous l'aviez-vu, seul, honteux d'avoir pu aimer cette femme, et rêvant le suicide...

ANAÏS. Le suicide!...

EMMA. Ah! mon Dieu!

RAOUL. Sans moi, qui ai arraché de ses mains l'arme fatale...

ANAÏS. Pauvre garçon!

RAOUL. Oh! il a bien souffert, allez!

EMMA. Mon Dieu! Mais je ne savais pas cela...

RAOUL. Poussé au désespoir, il est capable de tout!

EMMA. Ciel! s'il allait se tuer encore...

ANAÏS. Ma chère Emma, tu as été bien sévère avec lui...

RAOUL. Oh! oui, bien sévère.

EMMA. Ah! je veux le voir, lui parler...

LA VOIX DE PROSPER, en dehors. Raoul! Raoul... à moi!

RAOUL. C'est lui... il accourt de ce côté... (A Emma.) Soyez bonne, mademoiselle... c'est lui sauver la vie.

ANAÏS, bas à Emma. Il t'aime!

EMMA. Ah! je suis émue...

RAOUL, à part. Les affaires sont en bon chemin... J'ai tout réparé!

ENSEMBLE.

Air fragment de *il Baccio.*

Indulgence !
Sa souffrance
Doit, je pense,
Mériter un pardon.
Sa folie
Est punie,
Et fait place à la raison.

SCÈNE XII.

PROSPER, EMMA.

EMMA, à part. Pauvre garçon !... Il faut bien le consoler un peu !

PROSPER, entrant, pâle et essoufflé. Ouf !... Le commandant est tombé dans les artichauts. Je l'ai laissé se débattant dans la poivrade... Enfin je suis sauvé.

EMMA, à part, avec enthousiasme. Quelle agitation !... Oh ! comme il doit aimer.

PROSPER, la voyant. Mademoiselle Emma !...

EMMA, troublée. Monsieur Bergeret !...

PROSPER, à part. Ma foi, le mensonge ne m'a pas réussi... je vais tout lui avouer... (Haut.) Mademoiselle Emma...

EMMA. Monsieur Bergeret...

PROSPER. Mademoiselle, j'ai une confession à vous faire...

EMMA. Une confession !...

PROSPER. Cédant à des conseils pernicieux, je vous ai dit que j'avais aimé la nommée Josépha, écuyère ?

EMMA. Oui, monsieur Bergeret.

PROSPER. Mensonge !

EMMA. Plaît-il ?

PROSPER. Je vous ai dit que la nommée Josépha, écuyère, m'avait adoré...

EMMA. Eh bien ?

PROSPER. Mensonge !

EMMA. Comment !... cette femme ?...

PROSPER, avec orgueil. Cette femme... je ne la connais pas ; je ne l'ai jamais connue !... Ma parole d'honneur !

EMMA. Mais... votre duel ?...

PROSPER, étonné. Mon duel !

EMMA. Avec ces deux Portugais !...

PROSPER. Quels Portugais ?...

EMMA. Vous ne vous êtes pas battu comme un lion?...

PROSPER, fièrement. Jamais de la vie!... Ma parole d'honneur!

EMMA. Vous n'avez pas voulu vous tuer?

PROSPER. Me tuer! Le suicide est un crime... J'attendrai la mort... plus tard...

EMMA, avec agitation. Monsieur... c'est une indignité!

PROSPER. Hein!...

EMMA. M'avoir trompée ainsi... Je suis furieuse... Tout est fini entre nous...

PROSPER. Comment! tout est fini...

EMMA. Ah! vous ne vous êtes pas battu avec des Portugais? Sortez, monsieur!...

PROSPER. Mais, mademoiselle...

EMMA. Ah! vous n'avez pas voulu vous tuer?... Sortez, monsieur!... (Appelant.) Maman!

PROSPER. Mais, mademoiselle...

EMMA. Moi? vous épouser!... J'aimerais mieux rester fille toute ma vie! (Criant.) Maman!...

SCÈNE XIII.

Les Mêmes, BEAUTRUCHARD.

BEAUTRUCHARD, très-boutonné, avec des épées et une boîte de pistolets. M. Prosper Bergeret...

EMMA. Des armes!

PROSPER. Ah bon! bien!... voilà le bouquet!...

BEAUTRUCHARD. Monsieur, je suis à vos ordres...

EMMA. Un duel!...

BEAUTRUCHARD. Ah! tu m'as soufflé Josépha!... Marchons, monsieur...

EMMA, avec joie. Josépha!... Mais c'était donc vrai?... Parlez... mais parlez donc, monsieur...

PROSPER, à part. Sapristi!... que dire?... que faire?...

BEAUTRUCHARD. Allons, monsieur... sortons...

PROSPER, s'animant. Eh bien, oui... sortons!... (A part.) C'est le moyen d'en sortir!...

SCÈNE XIV.

Les Mêmes, MADAME THÉVENOT, ANAIS, RAOUL.

MADAME THÉVENOT. Mon Dieu! qu'y a-t-il?...

ANAÏS. Des épées!...

PROSPER. Oui, des épées... Nous allons nous égorger... Commandant vieux marsouin, je suis à vous!

RAOUL. Mais c'est de la folie !

PROSPER. Ah! laisse-moi tranquille, toi... Je veux me battre... Mademoiselle Emma ne m'aime pas... eh bien... je me ferai tuer... mais pour elle... et non pas pour une Josépha que je ne connais pas, que je n'ai jamais connue. Commandant, chargez les pistolets...

TOUS. Mais... voyons...

PROSPER. Et mettez des balles... mettez-en beaucoup... fourrez-en tant que vous pourrez!... (A Emma.) Ah! vous me regretterez, mademoiselle... mais il sera trop tard. Je vous aimais... moi! je vous adorais... moi!... je vous aurais rendue heureuse, moi!... Venez, Beautruchard.

BEAUTRUCHARD, riant. Mais, morbleu! si vous n'avez pas connu Josépha, de mon temps, je n'ai pas besoin de vous tuer !

EMMA. Mais certainement.

PROSPER. Bah! qu'est-ce que ça fait?... c'est comme absinthe. (A Emma s'attendrissant.) Adieu pour toujours!... Ah! Dieu m'est témoin que ma vocation eût été de vivre excessivement vieux... à vos pieds... de vous mettre dans du coton... Mais vous perdre... oh! jamais! (En pleurant.) Vous viserez bien, n'est-ce pas, Beautruchard?

EMMA. Il pleure !... Maman, il souffre !

MADAME THÉVENOT. C'est un bon jeune homme !

ANAÏS. Qui fera un excellent mari !

EMMA, avec prière. M. Prosper, ne vous battez pas... et maman vous accordera ma main.

MADAME THÉVENOT. Mais certainement, je ne demande pas mieux.

PROSPER, avec bonheur. Ah!... Beautruchard, j'accepte vos excuses... Ah ! que je suis heureux !

SCÈNE XV.

LES MÊMES, MADAME CHEVALIER.

MADAME CHEVALIER, à Prosper. Monsieur, voici la facture...

PROSPER. Ah bon !... Passez ça au commandant... Beautruchard, tous ces messieurs payent...

BEAUTRUCHARD, avec mauvaise humeur. Morbleu!... Allons, je payerai... mais je renonce aux écuyères.

PROSPER, respirant. Ah! sapristi! moi aussi !...

BEAUTRUCHARD, avec rage, froissant la facture. Oh! quand on les connaît... voyez-vous !...

PROSPER. Et même quand on ne les connaît pas!...

ENSEMBLE.

Air des *Barbettes*.

Ah! pour nous, heureuse journée!
A la fin, nous sommes bons amis.
Ici, par un double hyménée,
Nous voilà (*bis*) réunis.

PROSPER, au public.

Air de madame FAVART.

Plaignez, messieurs, tous les vaudevillistes!
Ils sont à plaindre... Ils ont d'abord contre eux,
Chaque lundi, messieurs les journalistes
  Qui les rendent bien malheureux !...
Nos deux auteurs, surtout... on les abîme.
Au désespoir, ah! leur cœur est ouvert!
Ne sifflez pas!... vrai, ce serait un crime...
Nos deux auteurs, messieurs, ont tant souffert !

ENSEMBLE.

Oui, les siffler serait commettre un crime,
Car, nos auteurs, messieurs, ont tant souffert !

FIN.

LAGNY. — Typographie de A. VARIGAULT et Cie